Learn Hindi Through English

Hindi Alphabets and Hindi Numbers for Beginners

Compiled by

CB Singh

ISBN-10: 150276332X
ISBN-13: 978-1502763327

Table of Contents

Chapter	Contents	Page No
Chapter 1	Hindi Alphabets	4
Chapter 2	Pronunciation of Hindi Alphabets	7
Chapter 3	Hindi Vowels with Pictures and Pronunciations	11
Chapter 4	Hindi Consonants with Pictures and Pronunciations	18
Chapter 5	Learn Counting of Hindi Numbers with Pronunciations in English	37
Chapter 6	Hindi Ordinal Numbers with pronunciations in English	44

Chapter 1

Hindi Alphabets

Hindi is mainly written in Devanagari script (*देवनागरी लिपि* ***devanāgarī lipi***) also called **Nagari**. Devanagari consists of 13 vowels and 33 consonants, and is written like English from left to right. There 3 additional consonants that are derived.

Hindi Alphabets:

There are 49 alphabets in Hindi that includes 13 vowel, 33 consonants, and 3 derived consonants.

Hindi Vowels: These are 13 vowels in Hindi

अ	आ	इ	ई	उ
a	ā	i	ī	u
ऊ	ऋ	ए	ऐ	ओ
ū	ṛ	e	ai	o
औ	अं	अः		
au	*aṃ*	*aḥ*		

Hindi Consonants: These are 33 consonants in Hindi

क	ख	ग	घ	ङ
ka	kha	ga	gha	ṅa(nga)
च	छ	ज	झ	ञ
cha	Chha	ja	jha, za	ña
ट	ठ	ड	ढ	ण
ṭa	ṭha	ḍa	ḍha	ṇa
त	थ	द	ध	न
ta	tha	da	dha	na
प	फ	ब	भ	म
pa	pha, fa	ba	bha	ma
य	र	ल	व	श
ya	ra	la	va, wa	śa, sha
ष	स	ह		
ṣa	sa	ha		

Chapter 2

Pronunciation of Hindi Alphabets

A. Vowels (स्वर)

Hindi	Alphabet	Sounds Like	As in (Example Word)
अ	a	A	alone
आ	ā	A	Mars
इ	i	I	it, is
ई	ī	Ee	Feet
उ	u	U	Pull
ऊ	ū	Oo	Moon
ऋ	ṛ	Ri	Ribbon
ए	e	A	Pen
ऐ	ai	A	Pain
ओ	o	O	Police
औ	au	Ou	Owl

अं	aṃ	N	Ankola
अः	aḥ	H	nah, dah

B. Consonants (व्यंजन)

Hindi	Alphabet	Sounds Like	As in (Example Word)
क	ka	Ka	karachi
ख	kha	Kha	khadi
ग	ga	Ga	God
घ	gha	Gha	Ghana
ङ	ṅa(nga)	N	ring
च	cha	Cha	chance
छ	Chha	Chha	chhap
ज	ja	Ja	Jug
झ	jha,za	Djeh	hedge
ञ	ña	Nia	Niagara
ट	ṭa	Ta	put

ठ	ṭha	Tha	Thailand
ड	ḍa	Da	dab
ढ	ḍha	Dha	adhesive, Dhaka
ण	ṇa	N	sand
त	ta	Ta	tab, table
थ	tha	Tha	Thank
द	da	Da	Thus
ध	dha	Dha	Dhabi
न	na	N	Pen
प	pa	Pa	Pal
फ	pha,fa	pha, fa	Fur, Phone
ब	ba	Ba	Ball
भ	bha	Bha	Bharat, Abhor
म	ma	Ma	Mug
य	ya	Ya	Yes
र	ra	Ra	Rum

ल	la	La	Love
व	va,wa	va, wa	Won
श	śa,sha	Sha	Shirt
ष	ṣa	Sha	Shut
स	sa	Sa	Sun
ह	ha	Ha	Hunt

Chapter 3

Hindi Vowels with Pictures and Pronunciations (चित्र के साथ हिन्दी स्वर एवं उच्चारण)

अ A as in America

अनार *Anaar (Pomegranate)*

आ A as in Art

आम *Aam (Mango)*

इ e as in ill

इमली *Imalee(Tamarind)*

ई ee as in Peel

ईख Eekh (Sugarcane)

उ U as in P<u>u</u>t

उल्लू *Ulloo (Owl)*

ऊ OO as in M<u>oo</u>n

ऊन *Oon (Wool)*

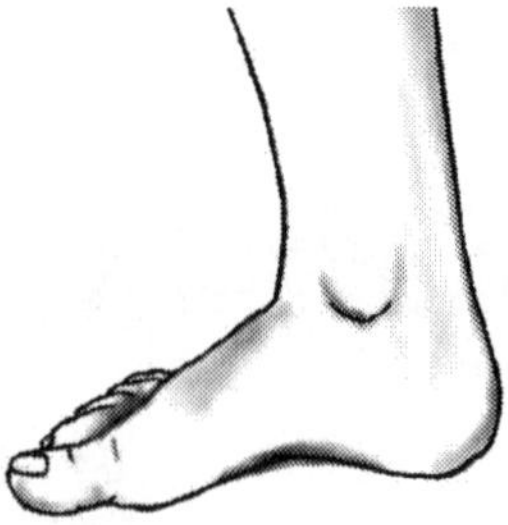

ए A as in Table

एड़ी *Airee (Ankle)*

ऐ A as in Can

ऐनक *Ainak (Spectacles)*

ओ O as in Open

ओखली *Okhlee (Mortar)*

औ Ou as in Our

औरत *Aurat (Women)*

अं n as in Ru<u>n</u>g

अंगूर *Angoor (Grapes)*

ऋ Ri as in <u>Ri</u>m

ऋषि *Rishi (Saint)*

अः

ah

Chapter 4

Hindi Consonants with Pictures and Pronunciations
(चित्र के साथ हिन्दी व्यंजन एवं उच्चारण)

क as in <u>K</u>angaroo

कबूतर K*abūtara (Pigeon)*

ख as in <u>Kh</u>an

खरगोश K*haragōśa (Rabbit)*

ग G as in Goat

गमला Gamala (Pot)

घ Gh as in Ghost

घड़ी G*hadi (Watch)*

ङ

(nga)

च Ch as in Chain

चम्मच C*hammach (Spoon)*

छ Chh

छाता C*hhata (Umbrella)*

ज J as in Jug

जग *Jag (Jug)*

झ Jh

झंडा *Jhanda (Flag)*

ञ

ña

ट T as in Tub

टमाटर *Tamatar (Tomato)*

ठ Th

ठीक *Theek (Correct)*

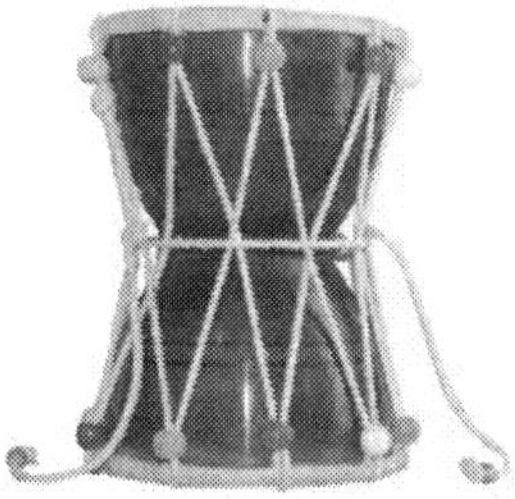

ड d as in Door

डमरू *damaru (Pellet Drum)*

ढ Dh

ढोलक *Dholak (Drum)*

ण

ṇa (ana)

त T as in

तरबूज *Tarbooj (Watermelon)*

थ Th as in

थर्मस T*harmas (Flask)*

द d as in

दवात *Davaat (Inkpot)*

ध Dh

धनुष *Dhanush (Bow)*

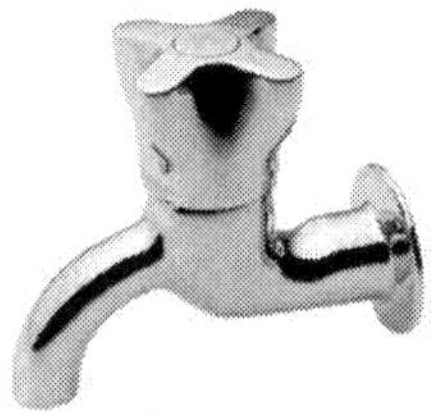

न

नल Nal (Tap)

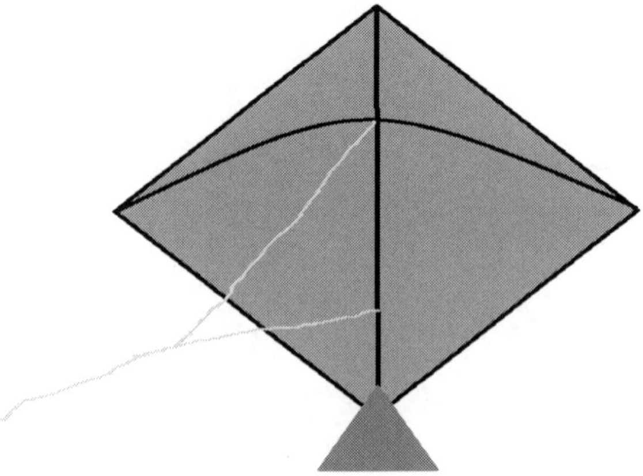

प

पतंग Patang (Kite)

फ

फल F*al (Fruits)*

ब

बतख *Batakh (Duck)*

भ

भालू *Bhaloo (Bear)*

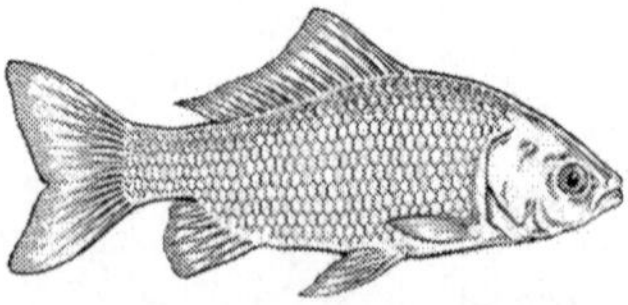

म

मछली *Machhali (Fish)*

य

यान Y*aan (Plane)*

र

रस्सी *Rasse (Rope)*

ल

लट्टू *Lattoo (Top)*

व

वन *Van (Forest)*

श

शलजम *Shaljam (Turnip)*

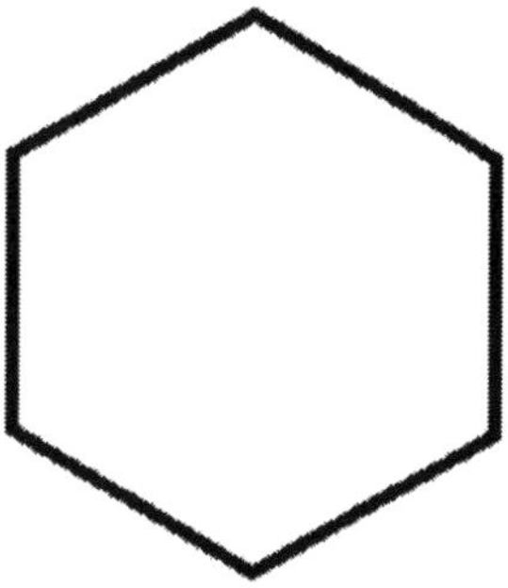

ष

षट्भुज *Shatbhuj (Hexagon)*

स

सूर्य *Soorya (Sun)*

ह

हाथी *Haathi (Elephant)*

Chapter 5

Learn Counting of Hindi Numbers with Pronunciation in English
(हिन्दी संख्यायों का हिन्दी में उच्चारण)

A. Numbers upto 100 (सौ तक संख्याएं)

There is no specific standard pronunciation for numbers upto 100 in Hindi. Hindi numbers are unique upto 20 and then 30, 40, 50, 60, 70, 80, 90, 100 are unique.

English	Hindi	Pronunciation
Zero (0)	शून्य (०)	śunya/siphar
One (1)	एक (१)	ēk
Two (2)	दो (२)	do
Three (3)	तीन (३)	teen
Four (4)	चार (४)	chaār
Five (5)	पांच (५)	pānch
Six (6)	छः (६)	chha
Seven (7)	सात (७)	saāt
Eight (8)	आठ (८)	āṭh
Nine (9)	नौ (९)	nau

Ten (10)	दस (१०)	das
Eleven (11)	ग्यारह (११)	gyārah
Twelve (12)	बारह (१२)	bārah
Thirteen (13)	तेरह (१३)	tērah
Fourteen (14)	चौदह (१४)	chaudah
Fifteen (15)	पंद्रह (१५)	pandrah
Sixteen (16)	सोलह (१६)	solah
Seventeen (17)	सत्रह (१७)	satrah
Eighteen (18)	अट्ठारह (१८)	aṭṭhārah
Nineteen (19)	उन्नीस (१९)	unnees
Twenty (20)	बीस (२०)	bees
Twenty one (21)	इक्कीस (२१)	ikkīs
Twenty two (22)	बाईस (२२)	bāīs
Twenty three (23)	तेईस (२३)	tēīs
Twenty four (24)	चौबिस(२४)	chaubīs
Twenty five (25)	पच्चीस(२५)	pachchīs
Twenty six (26)	छब्बीस(२६)	chabbīs
Twenty seven (27)	सत्ताईस (२७)	sattāīs
Twenty eight (28)	अट्ठाईस (२८)	aṭṭhāīs

Twenty nine (29)	उनतीस (२९)	unatīs
Thirty (30)	तीस (३०)	tīs
Thirty one (31)	इकतीस (३१)	ikatīs
Thirty two (32)	बत्तीस (३२)	battīs
Thirty three (33)	तैंतीस (३३)	taiṃtīs
Thirty four (34)	चौंतीस (३४)	~~chauṃtīs~~ ChauThis
Thirty five (35)	पैंतीस (३५)	paiṃtīs peThis
Thirty six (36)	छ्त्तीस (३६)	chattīs ChaTis
Thirty seven (37)	सैंतीस (३७)	saiṃtīs SeTes
Thirty eight (38)	अड़तीस (३८)	aṛatīs araTés
Thirty nine (39)	उनतालीस (३९)	unchālīs
Forty (40)	चालीस (४०)	chālīs
Forty one (41)	इकतालीस (४१)	ikatālīs
Forty two (42)	बयालीस (४२)	bayālīs
Forty three (43)	तैंतालीस (४३)	taiṃtālīs TeTalis
Forty four (44)	चौवालीस (४४)	chauṃtālīs Chumales
Forty five (45)	पैंतालीस (४५)	paiṃtālīs peTales
Forty six (46)	छियालीस (४६)	chiyālīs
Forty seven (47)	सैंतालीस (४७)	saiṃtālīs senTalis

Forty eight (48)	अड़तालीस (४८)	aṛatālīs
Forty nine (49)	उन्चास (४९)	unchās
Fifty (50)	पचास (५०)	pachās
Fifty one (51)	इक्यावन (५१)	ikyāvan
Fifty two (52)	बावन (५२)	bāvan
Fifty three (53)	तिरपन (५३)	tirēpan
Fifty four (54)	चौवन(५४)	chauvan
Fifty five (55)	पचपन (५५)	pachapan
Fifty six (56)	छप्पन (५६)	chhappan
Fifty seven (57)	सत्तावन (५७)	sattāvan
Fifty eight (58)	अट्ठावन (५८)	aṭṭhāvan
Fifty nine (59)	उनसठ (५९)	unsaṭh
Sixty (60)	साठ (६०)	sāṭh
Sixty one (61)	इकसठ (६१)	ikasaṭh
Sixty two (62)	बासठ (६२)	bāsaṭh
Sixty three (63)	तिरसठ (६३)	tirsaṭh
Sixty four (64)	चौंसठ (६४)	chauṃsaṭh
Sixty five (65)	पैंसठ (६५)	paiṃsaṭh
Sixty six (66)	छियासठ (६६)	chiyāsaṭh

Sixty seven (67)	सड़सठ (६७)	saṛasaṭh
Sixty eight (68)	अड़सठ (६८)	aṛasaṭh
Sixty nine (69)	उनहत्तर (६९)	unahattar
Seventy (70)	सत्तर (७०)	sattar
Seventy one (71)	इकहत्तर (७१)	ikahattar
Seventy two (72)	बहत्तर (७२)	bahattar
Seventy three (73)	तिहत्तर (७३)	tihattar
Seventy four (74)	चौहत्तर (७४)	chauhattar
Seventy five (75)	पचहत्तर (७५)	pachahattar
Seventy six (76)	छिहत्तर (७६)	chihattar
Seventy seven (77)	सतहत्तर (७७)	satahattar
Seventy eight (78)	अठहत्तर (७८)	aṭhahattar
Seventy nine (79)	उन्यासी (७९)	unāsī
Eighty (80)	अस्सी (८०)	assī
Eighty one (81)	इक्यासी (८१)	ikyāsī
Eighty two (82)	बयासी (८२)	bayāsī
Eighty three (83)	तिरासी (८३)	tirāsī
Eighty four (84)	चौरासी (८४)	chaurāsī
Eighty five (85)	पचासी (८५)	pachāsī

Eighty six (86)	छियासी (८६)	chiyāsī
Eighty seven (87)	सतासी (८७)	satāsī
Eighty eight (88)	अठ्ठासी (८८)	aṭhāsī
Eighty nine (89)	नवासी (८९)	navāsī
Ninety (90)	नब्बे (९०)	nabbē
Ninety one (91)	इक्यानवे (९१)	ikyānabē
Ninety two (92)	बानवे (९२)	bānavē
Ninety three (93)	तिरानवे (९३)	tirānavē
Ninety four (94)	चौरानवे (९४)	chaurānavē
Ninety five (95)	पचानवे (९५)	pachānavē
Ninety six (96)	छियानवे (९६)	chiyānavē
Ninety seven (97)	सत्तानवे (९७)	sattānavē
Ninety eight (98)	अट्ठानवे (९८)	aṭṭhānavē
Ninety nine (99)	निन्यानवे (९९)	ninyānavē
(One) hundred (100)	(एक) सौ (१००)	(ēka) sau

B. Numbers Beyond 100 (सौ से ऊपर संख्याएं)

Numbers beyond 100 are regular and can be derived from above numbers. For example if we have 145 then it is called "ēka sau paintālīs".

in English (अंग्रेजी में)	*in Hindi (हिन्दी में)*	*Pronunciation (उच्चारण)*
Two hundred (200)	दो सौ (२००)	do sau
Five hundred (500)	पांच सौ (५००)	pāncha sau
One thousand (1000)	एक हज़ार / एक सहस्र	ēka hazār
Five thousand (5000)	पांच हज़ार	pānch hazār
Ten thousand (10,000)	दस हज़ार	dasa hazār
Hundred thousand/ One lakh (100,000)	एक लाख	ēka lākh
One million/ Ten lakh (1,000,000)	दस लाख	dasa lākh
Ten million/ One crore (10,000,000)	एक करोड़	ēka karod
Hundred million/ Ten crore (100,000,000)	दस करोड़	dasa karod
One billion (1,000,000,000)	एक अरब	ēka arab
Hundred billion (100,000,000,000)	एक खरब	ēka kharab

Chapter 6

Hindi Ordinal Numbers with Pronunciation in English

Ordinal numbers define the position of something in a series, such as in English we say 'first', 'second', 'third', 'fourth' etc. Ordinal numbers are used as adjectives, nouns, and pronouns. In Hindi, only first six ordinal numbers are unique. As we add 'th' in English, 'वां' is added in Hindi.

in English (अंग्रेजी में)	in Hindi (हिन्दी में)	Pronunciation (उच्चारण)
First (1st)	पहला/प्रथम (१ला/१म)	pahalā/pratham
Second (2nd)	दूसरा/द्वितीय (२रा/२य)	dusarā/dvitīy
Third (3rd)	तीसरा/तृतीय (३रा/३य)	tisarā/tr̥tīy
Fourth (4th)	चौथा/चतुर्थ (४था/४र्थ)	cauthā/chaturth
Fifth (5th)	पांचवां/पंचम (५वां/५म)	pāṃcavāṃ/ paṃcham
Sixth (6th)	छठा/षष्ठ (६ठा/६ष्ठ)	chaṭhā/ṣaṣṭh
Seventh (7th)	सातवां/सप्तम (७वां/७म)	sātavāṃ/saptam
Eighth (8th)	आठवां/अष्टम (८वां/८म)	āṭhavāṃ/aṣṭam
Ninth (9th)	नौवां/नवम (९वां/९म)	nauvāṃ/navam
Tenth (10th)	दसवां/दशम (१०वां/१०म)	dasavāṃ/daśam

Eleventh (11th)	ग्यारवाँ (11वां)	gyarvan
Twelth (12th)	बारवां (12वां)	barvan
Thirteenth (13th)	तेरवां (13वां)	tervan
Fourteenth (14th)	चौदहवां (14वां)	chaudahvān
Fifteenth (15th)	पन्द्रहवां (15वां)	pandrahvan
Sixteenth (16th)	सोलवां (16वां)	solavan
Seventeenth (17th)	सत्रहवां (17वां)	satrahvan
Eighteenth (18th)	अठारहवां (18वां)	atharvan
Nineteenth (19th)	उन्नीसवां (19वां)	unneesvan
Twentieth (20th)	बीसवां (20वां)	beesvan
Seventy eighth (78th)	अठहत्तरवां (७८वां)	aṭhahattaravāṃ
Hundredth (100th)	सौवां (१००वां)	sauvāṃ

###################

Made in United States
Orlando, FL
07 May 2025

61127217R00026